DE LA LIBERTÉ

DE LA PRESSE,

ET

DES MOYENS D'EN PRÉVENIR ET D'EN RÉPRIMER LES ABUS;

Par M. BEXON.

———

PARIS,

Chez Mme. VARENNE, Libraire, rue de l'Odéon, n°. 17.

1814.

DE LA LIBERTÉ

DE LA PRESSE,

ET

DES MOYENS D'EN PRÉVENIR ET D'EN RÉPRIMER LES ABUS;

Par M. BEXON.

PARIS,

Chez Mme VARENNE, Libraire, rue de l'Odéon, n° 19.

1814.

DE LA LIBERTÉ
DE LA PRESSE,

ET

DES MOYENS D'EN PRÉVENIR ET D'EN RÉPRIMER LES ABUS;

Par M. BEXON (1).

Le droit d'écrire et d'exprimer sa pensée, attaché par la nature à l'existence de l'homme, en lui donnant l'intelligence et la raison, n'a pas besoin d'être discuté ni établi.

Les importantes et nombreuses questions aux-

(1) Ces considérations sont essentiellement extraites du chapitre 32 de mon *Parallèle des lois de l'Angleterre avec celles de la France*, imprimé en 1800, et de l'*Application* que j'ai faite *de la Théorie des Lois pénales*, imprimée en 1807; époques où il y avait quelque courage, et peut-être beaucoup d'imprudence et de danger, à parler de la liberté d'exprimer sa pensée, et à l'exprimer soi-même: aussi en même temps que les publicistes les plus éclairés et la plupart des souverains de l'Europe donnaient à mes ouvrages les approbations les plus éclatantes et les plus honorables, j'ai été proscrit par la jalouse et terrible politique de Buonaparte, à laquelle, ainsi qu'à quelques-uns de ceux qui l'environnaient, ne pouvaient convenir des idées d'équité, et quelques pensées libérales.

quelles il a donné lieu, ont été approfondies par de grands talens; mais elles ont eu essentiellement pour objet la difficulté de déterminer, dans l'ordre des sociétés, quelle pouvait être l'étendue de l'usage de ce droit qui, en lui-même, n'a plus de contradicteur raisonnable.

Aucune puissance, a-t-on dit avec raison, ne peut empêcher la pensée; son expression, a-t-on ajouté, doit jouir de la liberté entière de l'imagination, et cette faculté n'est pas une de celles qu'en se réunissant en société, l'homme ait voulu aliéner.

Mais, n'en est-il pas de ce droit de la nature, comme de tous les autres, auxquels, par l'établissement des sociétés, et, pour leur conservation, l'homme consent nécessairement de renoncer, pour la partie qui ne pourrait s'accorder avec l'ordre établi, afin de conserver cet ordre et l'usage des droits mis en commun ou conservés à chacun?

La nature n'a-t-elle pas aussi donné à l'homme le droit de disposer de toutes ses facultés physiques? cependant, par l'effet des lois civiles, n'y a-t-il pas une renonciation à toute action qui pourrait devenir nuisible à la société ou à ses membres? et comment en serait-il différemment pour les atteintes qui pourraient y être portées par l'expression de la pensée?

Il semble ainsi incontestable que l'expression de la pensée qui pourrait nuire à la chose publique, porter atteinte à l'ordre de la société, et compromettre la sûreté et l'existence physique et morale des citoyens, doit être défendue et punie par les lois, comme toute autre action qui tend au même but et peut produire le même effet.

Une conspiration, un complot, sont en général des pensées ordinairement renfermées dans le plus grand secret possible. Si quelque action l'indique ou le prouve, elle est rarement assez publique, assez développée, pour que la société en ait évidemment souffert; et cependant on ne pourrait prétendre qu'il est permis de former un système de conspiration et de le répandre, parce que c'est un effet de la liberté d'exprimer sa pensée..

Elle est donc d'une liberté absolue; son expression en général doit jouir d'une indépendance entière, tant que l'action de cette expression ne devient pas essentiellement nuisible à l'intérêt public et particulier, et qu'elle ne manifeste pas le dessein, l'intention de porter atteinte à l'un ou à l'autre.

C'est ici qu'il est difficile de fixer avec exactitude le point où doit cesser la liberté d'exprimer sa pensée, et quand on devra la soumettre à la puissance de lois surveillantes et réprimantes.

« Cette liberté si précieuse, dit Blakstone, à un » état libre, consiste à ne mettre aucune entrave à » la publication d'un ouvrage quelconque, et non » dans l'affranchissement de la peine après la pu- » blication, si le but en est criminel. Tout homme » libre a un droit indubitable à dire tout haut ce » qu'il pense. L'empêcher, ce serait ôter la liberté » de la pensée; mais si ce qu'il publie est illégal » et dangereux, il est juste de lui faire supporter » une peine. Soumettre la presse au jugement arbi-

» traire d'un censeur, comme on avait fait ancien-
» nement, tant avant, qu'après la révolution, c'est,
» d'après nos principes, soumettre la liberté de
» penser aux préjugés d'un seul homme, et en faire
» un juge infaillible de controverse en matière de
» gouvernement.

» Mais punir, après la publication, comme on
» le fait à présent, tout écrit dangereux et jugé
» tel par la loi, c'est une constitution nécessaire
» au maintien de l'ordre et de la tranquillité pu-
» blique. De cette manière, la volonté des indi-
» vidus est toujours libre, et l'abus seul de la liberté
» est sujet à l'animadversion de la loi : en cela,
» nul obstacle à la liberté de penser. Vous êtes
» le maître de publier vos sentimens ; mais s'ils se
» trouvent pernicieux au bien public, c'est un délit
» que la société punit. Un pharmacien peut com-
» poser des poisons dans son laboratoire ; mais s'il
» les vend pour des cordiaux, il est coupable. Ainsi,
» au jugement de toute personne équitable, s'en
» tenir à punir la licence de la presse, c'est en
» maintenir la liberté ».

Alors, la censure que la loi appellerait sur l'expression publique de la pensée, est une surveillance
établie par la raison, la sagesse et la justice, pour
avertir de l'erreur, des fautes ou des délits que
l'on pourrait commettre. L'homme vertueux, l'écrivain sage ne la craint pas ; et si elle ne retient pas
l'ignorant ou le méchant, elle le punit et arrête le
mal qu'il aurait pu faire.

Ainsi, la liberté d'exprimer sa pensée est en

général un droit naturel, dont, pour l'ordre de la société, la loi doit déterminer l'usage pour le bien de tous et de chacun; parce que la liberté sociale ne consiste qu'à ne pouvoir faire que ce qui ne nuit pas aux droits, à l'intérêt public et particulier.

Ainsi, le droit d'exprimer sa pensée reste dans toute son étendue possible et juste, pour ce qui se rapporte à cette expression en elle-même, en n'appelant la puissance salutaire de la loi que sur ce qui, dans cette expression, pourrait être dangereux et nuisible; de même que le droit d'agir à son gré physiquement et moralement, dans tous les cas où l'ordre de la société n'en demande pas la restriction, et quand la loi ne l'a pas exprimée.

Cependant, cette liberté d'exprimer et de publier sa pensée, ne peut-elle pas, sans que l'on puisse accuser la loi d'y porter atteinte, être l'objet de quelque surveillance, même avant sa publication ?

Cette question est encore fortement controversée, et mérite une attention qui puisse la concilier, de manière à laisser au droit toute l'étendue qui doit lui appartenir, sans que l'ordre public ait à craindre d'en souffrir.

Il me semble qu'ici, il faut distinguer entre les genres d'écrits qui peuvent plus ou moins agir sur l'opinion publique, et ainsi être plus ou moins utiles, nuisibles ou dangereux.

Il faut placer d'abord les écrits des particuliers, qui seraient destinés à être affichés, parce que la publicité en est plus grande; qu'elle appelle tous les regards ; que les conséquences peuvent en être plus grandes et plus dangereuses, et que, de la part de leur auteur, ils manifestent plus de dessein et d'intention de leur faire produire des effets.

C'est assez ordinairement un moyen employé pour parler au peuple, sans se trouver soi-même au milieu de lui ; c'est l'appeler à se rassembler autour de l'affiche, pour lui en faire adopter les idées, quand on n'a pas le courage de le rassembler ailleurs, ou que l'on ne croit pas pouvoir y parvenir. C'est assez ordinairement l'écrit d'un lâche qui se cache derrière le mur, qui publie ses pensées dangereuses.

Il est un autre genre d'écrits que l'on voudrait oublier, mais que malheureusement les cris des colporteurs rappellent tous les matins.

Ce sont les pamphlets (1) qui courent les rues : genre d'écrits aussi méprisable qu'il est souvent ridicule, mais quelquefois très-dangereux, et qui égare souvent l'opinion publique.

Ridicules produits de la sottise, souvent de la malignité, quelquefois, hélas ! de la misère, qui fait imaginer à un malheureux, dans le fond de son réduit, des absurdités dont il barbouille le papier, pour en faire des dupes, et tromper la crédulité, le

---

(1) Par le mot pamphlet, je n'entends pas parler des brochures, des écrits imprimés, quels qu'en soient l'étendue et le volume, mais seulement de ces feuilles criées et colportées dans les rues, qui, comme des moucherons, naissent et meurent dans un jour, et que l'on pourrait appeler libelles.

crédit des pamphlets hausse et baisse avec les événemens ; les grandes crises, les grands mouvemens le soutiennent : il cesse avec le calme, et le terme des révolutions le voit finir.

Quoi qu'il en soit, il me semble que les écrits destinés à être affichés, et à être criés et colportés dans les rues, doivent être placés sous la surveillance d'une censure antérieure à leur affiche et à leur colportage dans les rues, et particulièrement soumis à l'autorité de la police.

Un troisième genre d'écrits demande aussi une attention particulière.

Ce sont les pièces de théâtre.

C'est par la représentation des belles actions humaines et des vertus des hommes, pour les honorer ; de leurs vices, de leurs crimes et de leurs folies, pour les flétrir, que dans les chefs-d'œuvres de l'art dramatique, comme dans la gaieté d'une satire aimable, ou dans l'expression du sentiment, les spectacles sont grandement utiles à la morale, peuvent faire admirer les grandes vertus, inspirer le désir de les imiter, produire de douces émotions, corriger les passions par la haine du vice, et améliorer les mœurs, par la sévérité de la sagesse ou la gaieté du ridicule.

Mais aussi, les pièces de théâtre pourraient avoir des résultats contraires et dangereux, si les auteurs s'écartaient des limites dans lesquelles doivent se renfermer leurs talens, et si quelques-uns pouvaient oublier le but important vers lequel ils doivent tendre sans cesse, et que la publicité attachée au caractère de leur travail, ne peut leur rien permettre qui pourrait être dangereux à l'ordre public, à la morale, égarer ou corrompre l'opinion.

Soumettre les pièces de théâtre à un examen quelconque avant leur représentation publique, autre que celui du comité théâtral de leur admission, pourra soulever quelques auteurs, depuis ceux qui plaisent aux théâtres de nos boulevards, jusques à ceux qui embellissent et qui honorent la scène française.

Mais, ce ne seront pas ceux dont les vrais talens excitent notre admiration ou notre gaieté par leur amabilité, qui s'élèveront contre la sagesse d'une précaution ou d'une surveillance aussi salutaire ; ils n'auront jamais à les craindre ; ils en seront honorés davantage, parce que les fruits de leurs veilles ne seront offerts au public, qu'après que leur sagesse et leur mérite auront déjà été reconnus dignes des suffrages, et leurs succès n'en seront que plus assurés.

Je pense donc encore, qu'avant sa représentation, toute pièce de théâtre pourrait être soumise à l'examen d'une autorité, de la sagesse, des lumières et de l'impartialité de laquelle on serait assuré, afin d'en suspendre la représentation, si elle paraissait contenir quelque chose de contraire à la sûreté générale, à la paix publique, à la morale universelle, et être dangereuse pour l'exemple;

Mais, qu'il ne pourrait rien y être changé, ni corrigé, et qu'elle serait seulement renvoyée à l'auteur, avec des observations, pour qu'il y fît les corrections qui seraient indiquées convenables , et la représenter ensuite ; s'il le jugeait à propos , à un nouvel examen.

Il est un quatrième genre d'écrits que je dois aussi examiner.

Ce sont les écrits périodiques ou les journaux.

Ceux-ci ne sont pas aussi répandus ; ils ne s'adressent pas directement au peuple ; ils ne sont pas un appel à des rassemblemens ; ils ne présentent pas , pour influer sur l'opinion , la séduction de la déclamation , et comme la critique et la discussion sont essentiellement l'objet des écrits périodiques , leurs effets dangereux sont plus difficiles , et le dessein ne s'en présume pas autant.

Les journaux ont été trop souvent en butte à une sévérité outrée , et à une persécution avilissante pour les écrivains , décourageante pour les talens , et contraire à la liberté de l'expression de la pensée.

L'homme de bien, dont l'esprit pouvait éclairer ses concitoyens, accablé de dégoûts et de craintes, a préféré le silence, au devoir et au plaisir d'être utile.

Les journaux sont quelquefois devenus le partage de l'ignorance et de la malignité ; de petits esprits y ont cherché une grande réputation, et croyant y parvenir, ils se sont accoutumés à caresser bassement, ou à mordre avec cruauté.

Si plusieurs, restés fidèles à la modération qui convient au talent qui raisonne, ont constamment écrit dans le désir du bien, d'instruire et d'amuser leurs concitoyens, et y ont réussi ; combien d'autres ne sont-ils pas devenus *les tirailleurs de toutes les petites guerres de parti*, les échos des passions et du mensonge, les distributeurs des injures de la haine, ou des éloges de la flatterie de la bassesse : constamment censeurs pour le plaisir de la critique, ou flatteurs pour encenser la tyrannie, sans y joindre jamais le conseil de la sagesse.

Mais que les talens et les vertus soient rappelés à l'exercice de cette magistrature volontaire et libre, par la protection qui lui sera accordée; que toute censure de surveillance sur les presses, que tout moyen de les saisir, selon la volonté ou le mécontentement de qui que ce soit, et de forcer ainsi un écrivain au silence ou à la fuite, disparaissent de nos lois, les écrits périodiques présenteront cet intérêt, cette instruction, cet agrément si nécessaires et si utiles à la société.

Nécessaires, parce que l'homme a besoin de s'occuper des événemens, de les connaître, d'exposer ses réclamations, de faire parvenir ses plaintes; qu'il a en un mot besoin de communication des idées, des produits du raisonnement, et de ce qui peut être imaginé pour le rendre heureux.

Nécessaires, parce que les discussions dans les écrits périodiques, à cette tribune, où l'homme peut prendre part aux affaires publiques, peuvent offrir un guide à la conduite de tous; aux magistrats et aux souverains eux-mêmes, des moyens de perfection; qu'ils peuvent y suivre la marche de l'opinion publique, les heureux effets ou les dangers de leurs actions; que la censure d'observation et de raison ne peut que les aider dans la recherche de leurs devoirs, et que ce qu'ils auront fait de bien, leur obtiendra plus d'estime et de reconnaissance.

Les sciences, la littérature, les arts et les plaisirs, ne sont-ils pas aussi autant d'objets intéressans qui rendent les écrits périodiques aussi utiles, aussi agréables que nécessaires ?

Ecrivains sages, instruits, courageux et aimables, resaisissez la plume ; instruisez par les talens et la raison, ramenez la gaieté parmi nous, par l'esprit et les grâces.

Les peines contre les abus de la liberté d'exprimer sa pensée, n'en seront jamais pour vous une limitation redoutable ; elles ne seront que contre celui qui oserait en abuser pour nuire à la société ; vous n'écrirez que pour son bonheur, son instruction et ses plaisirs ; et vous applaudirez à la loi qui, conservant à l'esprit et au génie toute leur liberté, ne punira que la licence de la sottise, ou les écrits d'un méchant.

Sans doute, il est de l'essence des écrits périodiques ou des journaux de ne pouvoir être soumis à aucun examen, ni à aucune censure avant la publication ; et ce n'est que sur ce qu'ils pourraient contenir, que la loi peut établir sa surveillance et sa menace de punir les abus de la presse.

Mais aussi, il est important que ces écrits, qui peuvent être si utiles et qui pourraient être si dangereux, présentent, dans leurs auteurs, une garantie qui prévienne les dangers de leur publicité, et qu'ainsi, pour les publier, il doit suffire d'en faire connaître et d'en déclarer l'existence au directeur général de la librairie.

Tout autre écrit pourra-t-il être publié librement et sans examen ou censure préalable ?

Il y a une grande différence entre les écrits dont on vient de parler, et ceux dont la publication, bien moins publique, est en général restreinte à un petit nombre de personnes.

Dans un ouvrage imprimé, qui ne se répand que par sa distribution à quelques personnes, ou par sa vente chez le libraire, on doit bien moins redouter le danger de ce qu'il pourrait contenir.

Ne s'adressant pas au peuple, l'effet en est bien moins à craindre, et restant assez souvent resserré dans les mains de ceux qui peuvent l'apprécier, et ne pas se laisser entraîner à ce qu'il pourrait contenir de dangereux. Étant ordinairement une suite de raisonnemens, dont les conséquences pourraient bien être fausses ou mauvaises, sans être facilement aperçues, ce serait sans doute enchaîner la liberté d'exprimer sa pensée, que d'apporter à sa publication les entraves d'un examen préalable et de la censure ; ce serait, en proclamant la liberté de la presse, la détruire, et replacer l'esprit, l'imagination et le génie, dans un esclavage décourageant et funeste aux sciences, aux lettres et aux arts.

Peu doit importer, je crois, l'étendue et le volume de l'écrit. Le privilége d'une plus grande liberté que l'on accorderait aux gros livres, pourrait produire des écrivains d'une prolixité qui rarement rendrait leurs ouvrages meilleurs ; et il suffirait de délayer, dans cinq cents pages, des erreurs, des principes dangereux, de mauvaises maximes, pour les mettre à l'abri de l'examen de la censure, et en répandre paisiblement le danger et le poison, tandis que parce qu'il ne contiendrait que quatre cents pages, ou moins, l'auteur qui se serait attaché à resserrer ses pensées, à présenter ses idées avec une plus grande, et souvent une plus utile brièveté, serait moins libre, pourrait être arrêté dans la publication de son travail, qui serait soumis à l'examen et à la dissection d'un censeur.

Ce n'est pas seulement pour former des bibliothèques qui décorent le cabinet de l'opulence, pour faire de gros livres, qu'on ne lit pas, ou que l'on ne lit qu'à la longue, que l'on doit avoir le droit d'écrire librement, mais pour les ouvrages qui peuvent être les plus utiles, et pour l'utilité desquels le moment surtout est à saisir.

Il faut convenir que ces avantages appartiennent ordinairement plus au mérite des ouvrages qu'à leur étendue, et que, quelque sage, quelque intéressant que puisse être un écrit, il deviendra presque toujours inutile, il sera perdu pour le bien qu'il pourrait produire, et pour son auteur, si la publication pouvait en être retardée ou empêchée par les formalités de la censure.

Il se présentera une question importante d'ordre public, d'administration ou de législation; la discussion en sera ouverte; sans être appelé à la tribune royale et de l'état, on aura le droit, le devoir même de s'en occuper, de l'examiner, d'en éclairer la discussion , en tout cas d'en dire sa pensée.

Exprimée aujourd'hui, elle pourra produire le bien que l'auteur a eu pour objet, elle pourra l'honorer.

Mais, le directeur général de la librairie, pourra en arrêter l'impression, du moins la retarder. Renvoyée à l'examen des censeurs, leurs occupations les empêcheraient de l'examiner, ou leur en fourniraient le prétexte ; et l'ouvrage deviendra inutile quand la publication en sera autorisée.

Si les censeurs n'entendent pas qu'il soit imprimé, il ne pourra l'être, et il faudra attendre pendant un an, peut-être, le jugement d'une commission qui pourra bien lever le sursis qui aura été la conséquence de l'opinion mauvaise des censeurs, mais l'écrit n'en aura pas moins été frappé de mort par eux dans son objet, dans son but d'utilité, et pour l'honneur et l'intérêt de l'auteur.

En effet, qu'il ne soit pas permis d'écrire sur la question même de la liberté de la presse, sans examen et sans censure préalable, et que, comme cela devrait être, les censeurs soient les partisans de la censure, ils censureront ce qui sera écrit pour la combattre ; ils seront d'avis qu'il soit sursis à son impression, et dans un an l'auteur saura s'il peut imprimer sa pensée, mais en même temps que cela est devenu absolument inutile, et c'est ce qui peut arriver pour tous les objets d'intérêt et d'ordre public, même particulier.

Dans la disposition proposée, qui rappelle celle

de l'article 11 de la charte constitutionnelle, donnée par le roi à la France, on aperçoit un motif de crainte de retour sur le passé, de la part de quelques écrivains qui pourraient rappeler des souvenirs pénibles à quelques personnes ; mais qu'on se rassure : il n'est pas un Français qui ne veuille imiter l'oubli d'un souverain qu'il chérit, qui donne un si sublime exemple, et qui ne veuille par là lui prouver davantage son amour.

Mais, pour poser les limites de la presse, d'après le volume et l'étendue d'un ouvrage, ce serait prendre une mesure presque toujours inexécutable, et dont on pourrait sans cesse éluder l'application.

Par exemple, un volume de cinq cents pages, imprimé à grande marge, en gros caractère, interligné, échappera à l'examen et à la censure, et cependant pourrait être beaucoup plus petit, contenir beaucoup moins de choses, qu'un ouvrage qui pourtant sera d'un volume moins considérable, qui sera imprimé à marge plus petite, non interligné et en petit caractère, et qui pourtant pourrait être soumis à un examen et à une censure préalable.

Ainsi, imprimer peu de choses sur beaucoup de papier, doubler, tripler les interlignes, employer de gros caractères, en un mot grossoyer un ouvrage, serait un moyen de conserver la liberté entière d'exprimer sa pensée, qu'un autre auteur perdrait, en voulant publier un ouvrage qui pourtant en lui-même serait beaucoup plus considérable ; mais dont il n'aurait pas grossi en blanc le volume et l'étendue.

Si on admettait, pour limite à la liberté de la presse, le volume et l'étendue d'un ouvrage, et pour lui donner quelque fixité et quelque application possible, ne faudrait-il pas déterminer la forme des ouvrages; car une feuille d'impression contient plus ou moins, selon qu'elle est in-18, in-12, in-8°., in-4°. ou in-folio, fixer le nombre des lignes de chaque page, la longueur de chaque ligne, la forme des caractères, des interlignes, en un mot, une infinité de choses qui peuvent faire qu'un ouvrage de cinq cents pages contienne réellement beaucoup moins qu'un autre qui n'en aurait que cent ou deux cents.

Ce que l'on conçoit être impossible, et ne pouvoir être admis en législation.

Mais, si le droit de publier librement et sans examen ou censure préalable, doit s'appliquer à tout écrit autre que ceux indiqués plus haut, ne peut et ne doit-on pas même y apporter quelques exceptions justes et de prévoyance?

Dans tout ce qu'on a dit et écrit depuis un mois sur la liberté de la presse, et pour en éviter la censure, ce qui m'a paru présenter les idées les plus justes et les plus sages, par lesquelles la liberté absolue d'exprimer sa pensée, sans être enchaînée par un examen et une censure antérieurs à l'impression et à la publication, pourrait être limitée, afin de prévenir les dangers de son abus, et ne pas y porter atteinte, c'est que la presse doit être libre pour tous les Français; mais qu'elle ne le serait pas d'une manière absolue pour celui qui ne jouirait pas du droit de cité, ou qui l'aurait perdu ; parce que, ne jouissant pas des droits civils, ne présentant aucune garantie, on peut, sans injustice et sans qu'il puisse s'en plaindre, restreindre à son égard le droit qui doit tout entier appartenir à un citoyen.

Ne pourrait-il pas en être de même d'un étranger, qui ne serait pas non plus citoyen français, et qui, quoiqu'il fût établi en France, n'y serait pas naturalisé par une loi ou par le souverain ?

On dit : Un étranger n'a pas les mêmes motifs d'attachement pour une patrie qui n'est que précairement la sienne, pour laquelle il peut avoir moins d'affection que pour celle qui l'a vu naître, vers laquelle il peut conserver des idées de retour, et s'il jouit dans la nôtre de l'exercice des droits civils, quelque limitation dans l'usage de celui auquel il doit attacher moins d'intérêt qu'à tout autre, ne serait pas un motif de reproche qu'il pourrait adresser à la loi, quelque protection qu'elle lui doive ; et l'article 8 de la charte constitutionnelle de la France, en disant que tout Français a le droit de publier et de faire imprimer son opinion, en se conformant aux lois qui doivent réprimer les abus de cette liberté, ne restreint-il pas, par lui-même aux Français, l'exercice illimité de ce droit, et n'éloigne-t-il pas en même temps la pensée que, sauf quelques exceptions de prévoyance qui ont été spécifiées, cette disposition est applicable à tous les écrits publiés et imprimés, sauf l'application à ces écrits des lois réprimantes des abus de cette liberté, après leur impression et leur publication, et non par un examen antérieur et une censure antécédente?

En général, un écrivain ne peut être rigoureusement contraint de placer son nom à la tête de son ouvrage; si un noble amour-propre, ou quelquefois la vanité, peuvent l'y déterminer, la modestie, le désir d'une paisible obscurité, et de vivre dans une retraite ignorée, peuvent lui faire fuir une célébrité souvent dangereuse, et tout en pouvant hautement avouer un écrit que la raison, la sagesse et les talens lui auront dicté, vouloir n'en faire publiquement connaître que l'imprimeur, auquel il aura donné son nom et sa garantie, dans le cas où il s'élèverait quelques reproches sur son ouvrage.

Cependant, l'auteur qui, par quelque motif que ce soit, désire ne pas attacher publiquement son nom à son ouvrage, détourne et éloigne la garantie et la responsabilité qui doivent directement peser sur lui, et bien plus particulièrement que sur l'imprimeur.

En se cachant, il peut donner à soupçonner ses intentions, de la droiture desquelles on peut bien moins douter, s'il annonçait franchement son nom; et en se nommant, il aurait été bien plus attentif à ce que son ouvrage ne pût jamais s'attirer une censure et des reproches mérités.

Aussi, ne pourrait-on pas encore, en attachant moins de faveur à un écrit qui n'annoncerait que le nom et la demeure de l'imprimeur, en autoriser l'examen et la censure avant la publication?

Cet hommage rendu à la franchise des auteurs

qui se nommeraient, serait sans doute une préfé-
rence légitime, dont ceux qui ne voudraient pas se
nommer n'auraient pas à se plaindre, puisque la
liberté entière d'exprimer sa pensée ne serait limitée
à leur égard que par un silence volontaire.

Ainsi, pour jouir de la liberté entière et absolue
de la presse, il faudrait être né ou naturalisé français, jouir en France des droits de cité, signer son
nom, et par là, offrir à la patrie une garantie personnelle et publique de ce qu'on livrerait à l'impression.

En admettant ces idées, qui ne sont présentées
que comme des observations auxquelles on peut
opposer des objections puissantes et des considérations importantes, ceux qui ne rempliraient pas
ces conditions, ne seraient pas pour cela privés du
droit d'exprimer leurs pensées ; mais la loi pren-
drait seulement plus de précautions à leur égard,
en autorisant le directeur général de la librairie à
les soumettre à l'examen et à la censure préalable.

Mais aussi, dans tous les cas où un écrit aurait
été soumis à la censure et à un examen avant la
publication, l'auteur et l'imprimeur devraient être
affranchis de toute responsabilité, si ce n'est à
l'égard des personnes privées, dans les cas d'atteintes à leur honneur et à leur réputation.

Je pense qu'ici doivent s'arrêter toutes les précautions que l'on pourrait justement prendre pour
prévenir les abus qui pourraient être faits de la
liberté illimitée de la presse.

Avec ces moyens, qui pourrait craindre désormais l'exercice de cette liberté, avant la publication d'un ouvrage, et comment pourrait-on, sans y porter une atteinte destructive, la placer davantage sous la puissance prévoyante de la loi?

Mais, c'est ensuite à elle à prévoir encore les abus qui pourraient en être faits, à les déterminer, à les préciser, à en définir les caractères, à les classer et à y appliquer des peines, graduellement sévères et proportionnées aux dangers et aux effets nuisibles que ces abus pourraient présenter et produire.

C'est donc, après avoir établi les dispositions prohibitives et de prévoyance que l'on vient d'examiner, qu'il est d'une haute importance d'environner la liberté de la presse, de lois répressives des abus qui pourraient en être faits, pour avertir fortement tous les écrivains, d'abord de ce que la loi considérerait comme répréhensible et comme délit dans son usage; en second lieu, la peine qu'elle y attacherait, selon le caractère et la nature de l'atteinte qui pourrait en résulter, soit à la sûreté publique, soit à la sûreté particulière.

Cette classification de tous les cas, dans lesquels quelque culpabilité pourrait se rencontrer dans un écrit, et des peines qui seraient applicables, est d'une extrême importance et peut-être la plus difficile pour la définition de ces cas, et pour la législation pénale.

Cependant, c'est en elle que se renferme véritablement tout le système de la liberté de la presse; et c'est essentiellement là que vient aboutir tout ce qui la concerne, tout ce qui peut la constituer ou la limiter et l'empêcher de nuire.

Pour présenter sur un objet d'un aussi grand intérêt quelques idées utiles, il est bon d'établir quelques principes généraux de législation.

Le premier degré des lois, qui, à raison d'une peine quelconque correspondant à leur infraction, sont, à proprement parler, des lois prohibitives, est celui des lois de police, par lesquelles le législateur, en vue de prévenir des actions dangereuses et mauvaises en elles-mêmes, en défend ou en ordonne qui, par elles-mêmes, ne présentent pas ce caractère, mais dont l'existence ou la non existence pourrait occasionner ou rendre plus faciles des actions dangereuses.

Ces lois prohibitives doivent être établies à regret, et restreintes autant que possible dans un petit nombre, qui n'imposent pas trop de gêne à la liberté sociale et civile, tant que son action ne présente pas des dangers prochains et graves, que l'on ne pourrait éviter par tout autre moyen.

Ces lois, qui sont le premier degré des lois pénales, et qui créent des obligations, ne s'étendant pas à des actions ou à des omissions répréhensibles en elles-mêmes, ou opposées à l'intérêt public et particulier, dans des objets essentiels à la sûreté ; étant, au contraire, une gêne à la liberté que les règles primitives et générales des sociétés conservent, imaginée pour en assurer davantage la conservation ; étant d'une facile exécution ; ne présentant pas un grand intérêt à y désobéir ; le danger de leur inexécution d'ailleurs n'étant pas actuel, mais seulement dans la prévoyance du législateur ; elles doivent être douces ; leur sanction pénale n'a pas besoin d'une grande intensité, et elles peuvent difficilement menacer la liberté, parce que les infractions à ces lois ne sont que des contraventions, et ne peuvent être qualifiées de délit.

Ainsi, la loi qui astreindrait à un examen préalable les écrits destinés à être affichés, les pamphlets que l'on voudrait faire colporter et crier dans les rues ; à un examen quelconque, les pièces de théâtre, avant leur représentation ; les directeurs de journaux et d'écrits périodiques à faire connaître leurs établissemens, par une déclaration à la librairie ; n'est qu'une loi de police et de prévoyance, dont les infractions ne seraient que des contraventions et non pas des délits.

Ainsi, la loi qui exigerait qu'un imprimeur ou un libraire, fût reconnu par l'autorité publique ; qui défendrait toute imprimerie clandestine, non déclarée à la librairie et non autorisée ; qui obligérait l'imprimeur à faire sa déclaration de tout ouvrage qu'il voudrait imprimer, et d'en avoir déposé le nombre d'exemplaires déterminé par les règlemens, avant de le mettre en vente et de le publier ; d'y annoncer son vrai nom et sa véritable demeure, serait une loi de police et de prévoyance, dont les infractions ne seraient que des contraventions et non pas des délits.

Des amendes, la suspension ou l'interdiction de l'exercice de l'état d'imprimeur ou de libraire, le séquestre et la saisie provisoire des écrits , pour sûreté de la condamnation des amendes proportionnellement graduées , selon la nature , le caractère ou le danger de toutes ces contraventions , et applicables dans différens degrés selon les circonstances , par la prudence et l'équité des tribunaux , sont les seules peines qui puissent y être appliquées.

Et ici , relativement à la saisie et au séquestre d'un écrit qui serait assujéti à un examen préalable à son impression et à sa publication , je pense que si , après son examen , il était reconnu ne rien contenir qui fût qualifié par la loi abus de la presse , la saisie et le séquestre devraient en être levés de suite , et la publication autorisée , parce qu'il n'existerait pas de délit , mais une simple contravention de police.

Mais , si un écrit affiché , un pamphlet ou libelle , colporté ou crié dans les rues , une pièce de théâtre représentée , sans s'être conformé à ce qui serait prescrit par les lois de police ;

Si un journal ou écrit périodique publié sans déclaration préalable ;

Si un imprimeur ou un libraire , non avoué et reconnu par l'autorité , imprimait , mettait en vente et publiait un ouvrage ;

Si l'imprimeur n'indiquait pas son nom et sa demeure, etc. ;

Et que l'écrit ou l'ouvrage se trouvât dans un des cas qui doivent être prévus , comme caractérisant l'abus de la liberté de la presse , alors , à la contravention à la loi de police , se réunit un délit qui se place dans le domaine de la loi pénale, relativement aux abus de la liberté de la presse.

La contravention, n'est plus qu'un moyen employé pour dissimuler l'auteur du délit, pour le commettre plus sûrement et en éviter la peine qui, dans ces cas, doit être plus grave et plus sévèrement puni.

Ici, commence un second ordre de lois et de peines, et se présente ce qu'il y a de plus important et de plus difficile dans la législation en général, et particulièrement relativement à la liberté de la presse.

C'est ce qu'on peut, à proprement parler, qualifier de lois répressives, parce qu'elles spécifient des actions répréhensibles en elles-mêmes, qui sont en opposition avec les règles générales des sociétés, ou avec celles de leurs droits particuliers, dans des objets plus ou moins essentiels à la sûreté, qui graduellement présentent un danger plus prochain et plus grand, et ainsi ont besoin de moyens, progressivement plus puissans, pour les prévenir, les empêcher par la menace des peines, ou pour les réprimer et les punir, selon les degrés de leurs dangers, de leurs effets possibles, du tort qu'elles peuvent produire, de la malignité qui pourrait les accompagner, ou de l'intérêt qui peut y exciter ou y entraîner.

De là dérivent les distinctions qui doivent exister, dans les lois répressives des actions répréhensibles en elles-mêmes, et qu'il est nécessaire, pour marcher avec quelque clarté et quelque raison dans la législation, de faire, par la définition de la nature et du caractère de chaque action, relativement au danger, à l'alarme, au tort, aux motifs de son auteur, pour en calculer par là, pour ainsi dire, le plus ou le moins de gravité, lui donner la qualification de faute, de délit ou de crime, ne pas chercher cette qualification dans la nature et le caractère de la peine, mais au contraire établir la peine d'après cette classification, et l'appliquer graduellement et progressivement à la nature et au caractère de l'action.

Maintenant, à l'aide de ces principes et de ces vérités, que cependant on ne rencontre guères dans nos lois répressives et pénales, il faut rechercher ce qui, dans l'usage de la liberté de la presse, peut être considéré comme en étant l'abus et le définir; classer et déterminer la nature et le caractère de ce qui serait déclaré en être l'abus, pour lui donner la place qui lui convient dans les dispositions des lois répressives, soit dans l'ordre des fautes, des délits ou des crimes, et fortifier la prohibition, ainsi graduellement définie, par une sanction pénale également progressive et graduée dans sa nature, dans son caractère et dans son intensité, selon que l'action serait définie et classée dans l'ordre des fautes, des délits ou des crimes, et encore selon les degrés de la faute, du délit ou du crime.

Les abus de la presse qui peuvent être l'objet de la répression de la loi, se présentent sous quatre divisions principales :

Les écrits attentatoires et contraires à la sûreté générale et à la paix publique ;

Ceux qui sont contraires aux mœurs publiques ;

Ceux contre la religion;

Ceux contre l'honneur et la réputation des personnes.

Chacune de ces divisions principales conduit à définir la nature et le caractère des atteintes qui pourraient être l'objet de la répression, sous le rapport de chacune d'elles, et en indique de secondaires pour définir également la nature et le caractère de l'atteinte relativement à une autre, pour la classer dans l'ordre des fautes, des délits ou des crimes, et appliquer à chacune d'elles une peine graduellement correspondante.

Et d'abord, les écrits attentatoires à la sûreté générale et à la paix publique, sont ceux qui provoqueraient à la désobéissance et à la rébellion envers la personne et l'autorité souveraine, et celle de la loi, ou contre les organes de ces lois, tant civiles que criminelles, ou qui tendraient au renversement du gouvernement existant.

Pour préciser cette définition et en déterminer clairement l'application, il faut soigneusement distinguer ce à quoi la loi doit attacher le caractère de la provocation punissable.

Je ne parlerai pas des lois nombreuses et absurdes sur les discours et les écrits tendant à l'avilissement de quelque pouvoir, de quelque autorité. Déjà la raison les proscrivait en silence, dans les temps mêmes ou elles servaient à faire tant de victimes, et à enchaîner les pensées les plus simples, les plus justes, dans l'esclavage d'une tyrannie et d'un des-

potisme qui devaient redouter la vérité, et qui pre-
naient assez eux-mêmes le soin de s'avilir.

C'est dans de telles dispositions que l'on remar-
que plus particulièrement la faiblesse et la crainte.
Ce furent elles qui ouvrirent une si vaste carrière à
l'imagination, pour pouvoir tout ériger en crime,
pour offrir des moyens de persécution, et la possi-
bilité de transformer en délit tout ce qui offensait
l'amour propre, tout ce qui blessait l'orgueil sans
talens, et la censure la plus simple en un crime
capital.

D'ailleurs, le vague inséparable de lois semblables
présenterait sans cesse le plus grand danger qui
puisse résulter d'une loi, celui de l'arbitraire, et
d'une application toujours dépendante de la volonté
ou des caprices du juge, et de l'impulsion de son
opinion personnelle ou de celle qui lui serait
donnée.

Les exemples s'en sont répétés trop souvent, à la
honte de la raison, et au grand scandale de la justice,
pour que l'on puisse penser qu'une certaine habi-
tude et quelques prétentions secondaires, se plaisent
encore à chercher à les renouveler.

Qu'enfin, il soit proclamé que les autorités, les
magistrats, ne peuvent être avilis que par eux-
mêmes; que la sagesse, la vertu et les talens sont
au-dessus de cette faiblesse et de cette pusillani-
mité, qui fait redouter la censure qui observe et qui
raisonne,

L'homme juste et sage qui veut le bien de sa
patrie, qui peut le faire, ne craint pas d'être con-

sidéré à découvert ; il doit mépriser ce qu'on voudra dire ou écrire de lui, quand il aura tout fait pour ne pas le mériter ; et tant qu'il ne sera pas particulière-ment attaqué relativement à ses fonctions, dans sa conduite, poursuivi par la calomnie, ou exposé au mépris et à la haine des citoyens.

Ce qui doit se rapporter aux écrits qui porte-raient atteinte à l'honneur et à la réputation des personnes.

Mais, les grands corps de l'état, la chambre des pairs, celle des députés, le conseil d'état ;

L'examen, la discussion des questions qui sont l'objet de leurs travaux et de leurs délibérations, la contradiction, la critique sage et raisonnée des opinions de leurs membres, appartiennent néces-sairement à la liberté d'exprimer sa pensée ; car, cette liberté ne serait rien, si elle n'était pas celle d'écrire sur ce qui est du plus grand intérêt pour la société, sur la législation, sur la jurisprudence, sur l'administration, sur la morale, sur les gou-vernemens mêmes, en faisant surtout connaître aux souverains les abus que l'on fait de leur puis-sance, et la vérité qui si rarement et si difici-lement parvient jusqu'à eux, ce qui doit s'étendre jusques aux ministres, responsables envers eux et envers la patrie, et à tout autre fonctionnaire pu-blic, magistrat judiciaire ou administratif, contre lesquels on aurait de justes plaintes à élever, pourvu qu'on le fît, avec la circonspection de la prudence et une réserve qui sait s'arrêter à ce qui pourrait être calomnie et atteinte à l'honneur et à la réputa-

tion , ce qui alors rentrerait encore dans les dispositions qui doivent réprimer les abus de la presse
sous ces rapports.

Mais le souverain !

La grande dignité à laquelle il est élevé , le
bien qu'il fait , le bonheur de ses sujets , l'amour et
le respect dont il est environné , le placent bien au-
dessus de la volonté de jamais écrire qui ne soit
pour l'honorer , pour le bénir , pour invoquer sa
bonté , sa justice et sa puissance.

Sans cesse occupé à en répandre les bienfaits , il
reçoit avec satisfaction les doutes et observations
qui peuvent lui être adressés sur les lois et les or-
donnances de l'état , ainsi que toutes remarques et
propositions sur les vices que l'on croit qu'elles
renferment , et sur les améliorations dont on les
pense susceptibles , pourvu qu'ils soient présentés
avec décence et modération. Il les accueille , ainsi
que toutes celles qui sont relatives à l'intérêt des
particuliers ; il ordonne à tous ceux qui y sont
obligés par leurs emplois , d'y donner toute l'attention que leurs représentations méritent , parce qu'il
aime que l'on fasse parvenir la vérité jusqu'à lui , et
même des conseils qui peuvent lui être offerts par
de bonnes intentions. Aussi il dédaigne toute censure inconsidérée , toute plainte exagérée , dans
lesquelles on pourrait s'écarter du respect dû à sa
dignité et à sa personne ; il pardonne à leurs auteurs, qui ne méritent que le mépris, quelquefois la
pitié.

Mais, la loi doit s'élever elle même contre la

bonté du cœur du souverain, contre la grandeur de son âme, et considérer comme abus de la liberté de la presse et comme attentant à la sûreté générale et à la paix publique, l'écrit qui contiendrait des expressions propres à diminuer le respect dû à sa dignité, à inspirer du mépris pour sa personne, et à répandre le ridicule sur les lois et les règlemens établis dans l'état.

Pour déterminer la nature et le caractère de cet abus de la presse, sous le rapport de la sanction pénale, pour l'empêcher, ou pour le réprimer, la loi doit s'accorder avec la bonté du souverain lui-même, pour ne le placer qu'au premier degré des atteintes à la sûreté générale et à la paix publique, dans l'ordre des fautes ou des délits, et n'y appliquer que des peines proportionnées à ses dangers, à ses motifs, et aux conséquences plus ou moins dangereuses qu'il pourrait avoir.

Ainsi, cet abus, dans un ouvrage imprimé, non destiné à être répandu publiquement, ou dans une réclamation contre quelques torts, quelqu'injustice que l'on prétendrait avoir éprouvée, qui souvent peut être dictée par le malheur qui peut troubler la raison, dans lesquels ne se manifesteraient pas la volonté et l'intention de manquer au respect qui est dû à la dignité et à la personne du souverain, et de verser le ridicule sur les lois et règlemens établis dans l'état, pourrait n'être qualifié que de faute par imprudence, et n'être menacé et reprimé que par la peine modérée qui doit y être applicable.

Mais, cet abus, dans un écrit affiché, dans un

pamphlet ou libelle, colporté ou crié dans les rues, dans un journal ou écrit périodique, dans une pièce de théâtre représentée, pourrait être qualifié de délit, et une peine plus grave pourrait y être appliquée, dans l'ordre de celles correspondantes à la nature et au caractère des délits.

Dans la classification de ces fautes ou de ces délits, et dans celle des peines qui y seraient attachées, il faudrait essentiellement ne pas les déclarer d'une manière absolue, ce qui doit être une règle générale dans l'établissement et l'application des peines; mais, en déterminer l'intensité à un degré au delà duquel elles ne pourraient aller, et un autre au-dessous duquel elles ne pourraient descendre; afin de laisser aux juges qui en seraient les applicateurs, la juste et nécessaire faculté d'en prononcer graduellement l'application, avec prudence, avec une juste modération ou une sage sévérité, sans s'arrêter à des choses vagues ou seulement indifférentes ou équivoques, et qui ne manifesteraient pas le dessein et la volonté de la faute ou du délit; mais en considérant les motifs, les dangers et les circonstances de l'abus, ainsi que la qualité des personnes; car la faute ou le délit a nécessairement plus ou moins de gravité, selon cette qualité, et devient plus répréhensible de la part de celui qui a plus de devoirs à remplir envers l'état et le souverain, conséquemment de la part d'un fonctionnaire public, ce qui est une règle générale et essentielle à établir et à maintenir, tant dans l'établissement des peines que dans leur application.

J'arrive à des abus de la liberté de la presse qui pourraient être plus graves.

Un écrit qui attaquerait directement ou qui violerait ouvertement les principes généraux sur lesquels reposent la sûreté générale et la paix publique, qui attaquerait les constitutions de l'état, la puissance du souverain et les autorités publiques, qui annoncerait des révoltes ou des séditions qui n'existent pas, qui en prédirait comme prêtes à éclater, qui annoncerait une disette fausse ou prochaine ; enfin des faits faux, dangereux à la sûreté générale et à la paix publique, et capables de répandre l'inquiétude, d'agiter les citoyens, de les soulever, sans cependant présenter le caractère d'une provocation directe, serait un abus de la presse que la loi doit placer dans un second degré, pour lui opposer des moyens plus puissans de menace et de répression, dans l'intensité de la peine et dans l'ordre de celles qui sont déclarées applicables aux délits.

Je n'ai pas besoin de répéter les distinctions à faire dans ces écrits, entre ceux qui sont plus ou moins publics, plus ou moins dans le cas d'être répandus et d'avoir ainsi une influence différente sur l'opinion publique, présenter plus de dangers, produire plus d'alarmes et des conséquences plus dangereuses ;

Que le dessein et la volonté de son auteur pourraient atténuer ou excuser le délit, surtout, s'il n'avaient eu aucune conséquence nuisible, et que cela doit être prévu par la loi ;

Que toujours la graduation des peines établies par elle, autant que possible, selon la nature et le caractère du délit, doit également appartenir au juge dans les limites qu'elle aura déterminées;

Qu'enfin, ces délits deviennent plus graves et doivent être plus sévèrement menacés et punis, selon la qualité et l'état des personnes qui s'en rendraient coupables.

Les abus les plus dangereux et les plus coupables qui pourraient résulter de la liberté de la presse, que la loi doit définir et spécifier le plus soigneusement, pour les menacer et les réprimer par des peines plus sévères, comme des délits ou des crimes, sont ceux qui provoqueraient eux-mêmes à quelques délits ou à quelques crimes.

Il est essentiel de tâcher de définir les caractères de la provocation, et les cas dans lesquels elle doit être considérée comme un délit ou comme un crime.

Toute entreprise ayant pour objet,

1°. D'attenter à la vie, à la sûreté ou à la liberté du souverain, du régent ou de son successeur héréditaire;

2°. De changer ou de détruire le gouvernement ou la constitution de l'état;

3°. D'attaquer le droit légalement établi et reconnu de la souveraineté et de l'enlever à celui qui en est investi et à la famille à laquelle l'hérédité en est dévolue;

4°. D'exciter la guerre civile, en armant ou en portant les habitans à s'armer les uns contre les autres, ou contre l'exercice de l'autorité légitime et supérieure du gouvernement;

5°. De porter l'incendie, la dévastation, le massacre et le pillage dans une ou plusieurs communes de l'état;

6°. D'envahir des domaines, propriétés ou deniers publics; des places, villes, forteresses, postes, magasins, arsenaux, ports, vaisseaux ou bâtimens appartenans à l'état;

7°. De piller ou de partager les propriétés publiques ou particulières;

Est un délit ou un crime contre la sûreté générale et intérieure de l'état et la paix publique.

Tout acte par lequel des villes ou des communes se déclareraient *volontairement* indépendantes, et voudraient par là se soustraire à l'autorité du gouvernement, est un délit ou un crime contre la sûreté générale et intérieure de l'état et la paix publique, de la part des auteurs et directeurs d'un tel acte.

La rébellion, qui est toute résistance opposée avec violence à l'exécution des lois et aux autorités légales, agissant dans l'ordre de leurs fonctions, est un délit ou un crime contre la sûreté générale et intérieure de l'état et la paix publique.

La sédition qui est la réunion de plusieurs individus, pour attaquer l'autorité légitime, en exiger quelqu'acte contraire aux constitutions et aux lois, ou pour en commettre quelqu'un opposé à l'ordre et à la sûreté, est un délit ou un crime contre la sûreté générale et intérieure de l'état, et la paix publique.

Toute machination ou intelligence avec les puissances étrangères, à dessein de les engager à commettre des hostilités ou à entreprendre la guerre contre l'état, ou pour leur en procurer les moyens, est un délit ou un crime contre la sûreté générale et extérieure de l'état et la paix publique.

La provocation à un ou à plusieurs de ces délits ou de ces crimes, par un écrit imprimé et publié, est également un délit ou un crime, l'abus le plus grand et le plus coupable qui puisse être fait de la liberté de la presse, et qui appelle une plus grande sévérité de la loi pour l'empêcher ou pour le réprimer.

Mais quels doivent être la nature et le caractère de ce qui devrait être considéré comme provocation coupable et appelant toute la sévérité de la loi?

Ici l'embarras augmente pour ne pas rester trop en arrière de ce que la sûreté générale et la paix publique réclament, et pour ne pas aller au-delà de ce qui est nécessaire pour les assurer.

Il me semble que pour concilier la liberté d'exprimer sa pensée avec le tort qu'elle pourrait faire à la société, il faut que la provocation à quelques-uns des délits ou des crimes qui viennent d'être définis, et qui rendrait un écrit criminel, soit tellement précise et positive, qu'elle manifeste, sans incertitude, le dessein d'exciter à un de ces crimes; que le sens n'en soit pas équivoque, sujet à des explications qu'il faudrait rechercher par le raisonnement; que cette provocation n'arrive pas dans la pensée, par la dissection d'un écrit, en en prenant isolément un passage et en négligeant ce qui précédemment ou après en explique, en justifie ou en change le sens : autrement, ce serait chercher dans sa propre pensée, dans son opinion personnelle, celle de l'écrivain qui, dans le doute que présenterait son écrit, ou d'après l'ensemble de son ouvrage, pourrait avoir eu une intention meilleure que l'interprète ou le disséqueur.

D'ailleurs, si la provocation n'était pas assez clairement exprimée ni précisée, de telle sorte qu'elle ne pût être saisie et découverte que par l'examen et la combinaison, on pourrait peut-être bien y démêler, y soupçonner une pensée de l'auteur, et comme ce n'est pas la pensée que la loi peut punir, mais l'expression dangereuse de cette pensée, il s'ensuit nécessairement que l'on ne peut appeler provocation à un délit ou à un crime, ce que la science seule de l'analyse y ferait apercevoir ; car alors on ne pourrait dire que l'auteur a voulu provoquer et qu'il l'a fait réellement, puisqu'au commun des yeux, aux yeux du peuple surtout, la provocation ne se montrerait pas.

Il faut donc que la provocation soit directe, positive et claire, sans quoi ce ne sont que des raisonnemens, mauvais peut-être, indiscrets, si l'on veut, mais, tout en professant la nécessité de punir sévèrement la provocation, la loi doit craindre elle-même de trop resserrer les limites de la liberté de la presse, et de préparer le danger de punir une action, à laquelle on ne pourrait pas, d'une manière positive, attacher le caractère du délit ou du crime.

Les termes employés dans les lois de l'Angleterre

pour définir une provocation criminelle, le font déjà avec une précision remarquable : *C'est celle de tout écrit séditieux, provoquant*, etc.

Dans les délits, ou dans les crimes contre la sûreté générale et la paix publique, qui viennent d'être spécifiés, on conçoit combien il y a de degrés et de distinctions, qui, en eux-mêmes, dans leur danger et dans leurs effets, les rendent différens, plus ou moins coupables, doivent les faire considérer comme des délits ou des crimes, et différencier la nature, le caractère et l'intensité des peines, non-seulement du délit au crime, mais encore dans les degrés de gravité de l'un ou de l'autre.

C'est aussi, avec les mêmes distinctions, avec une égale progression que la loi doit établir et graduer l'établissement des peines de la provocation directe à ces délits ou à ces crimes, auxquels elle tient si particulièrement qu'il est difficile de l'en séparer.

Cependant, il est une distinction qu'il est essentiel de ne pas négliger.

En cas de provocation directe à un des délits ou des crimes qui viennent d'être spécifiés, si, le délit ou le crime provoqué était *actuellement* exécuté, par suite de la provocation, de manière à ce que la provocation doive être considérée comme étant la cause de son exécution, et sans laquelle il n'aurait pas été produit, le provocateur pourrait être considéré comme l'auteur, ou du moins comme le complice du délit ou du crime, et encourir la même peine.

Si, par suite de la provocation, le délit ou le

crime n'était pas *actuellement* commis, mais cependant dans un temps prochain de la provocation, et, par exemple, de dix jours, de telle sorte que l'on puisse considérer la provocation comme ayant concouru et encouragé à le commettre, l'auteur de la provocation pourrait en être considéré comme le fauteur (1).

Enfin, la provocation directe à l'un de ces délits ou de ces crimes, peut être restée sans effet ; elle n'en est pas moins un délit ou un crime, selon la nature et le caractère de la provocation, et ceux du délit ou du crime provoqué ; mais elle ne s'y lie pas si particulièrement, et elle est un délit ou un crime particulier, qui doit être soumis à un ordre de peines différentes, selon la nature et le caractère de la provocation, mais toujours graduellement au-dessous de celles applicables à la provocation du délit ou du crime *actuellement* ou *prochainement* exécuté, par suite de la provocation, et dont l'auteur pourrait être considéré comme complice et comme fauteur.

Pour déterminer le caractère et le danger de la provocation à un des délits ou à un des crimes qui viennent d'être spécifiés, il faut aussi soigneusement distinguer les écrits dans lesquels elle pour-

---

(1) La juste distinction à faire entre le complice assimilé à l'auteur, et le fauteur qui a une participation moins directe à un délit ou à un crime, mais qui cependant y concourt, est developpée au chapitre 2 des principes généraux du *Code de la Sûreté* par l'auteur.

rait se rencontrer, et se reporter à ce qui a été dit plus haut, relativement aux écrits affichés, colportés ou criés dans les rues, aux pièces de théâtre, aux écrits périodiques et aux journaux, et considérer que pour tout autre écrit la provocation qu'il pourrait renfermer, ayant nécessairement moins de publicité et conséquemment étant beaucoup moins dangereuse, l'effet funeste doit en être beaucoup plus difficile et beaucoup plus rare.

Que rarement dans un ouvrage imprimé on rencontre ces provocations positives et séditieuses, dont le dessein doit d'autant moins se supposer, qu'elles ne s'adresseraient pas au peuple, qu'on ne pourrait guères en espérer l'effet, et qu'ordinairement l'ensemble de l'ouvrage est une suite de raisonnemens qui peuvent être mauvais, dangereux, sans qu'ils présentent pour cela la précision d'une provocation directe à un délit ou à un crime.

Mais ici, se représentent toujours les mêmes règles pour la graduation des peines, dans la loi elle-même, pour la faculté aux juges de les appliquer dans des degrés différens, dans les limites déterminées par la loi, et la justice, de leur plus grande intensité à l'égard de quiconque a plus de devoirs à remplir envers l'état et le souverain et conséquemment les fonctionnaires publics

La morale universelle est en général l'impulsion de la nature intellectuelle de l'homme, qui, dans son organisation, lui a donné le sentiment de se rapprocher de son semblable, et de le lui faire aimer ; sentiment qui, dirigé et perfectionné par les lois civiles, est, à proprement parler, ce qu'on appelle lois de la nature appropriées à l'état social, et que l'on a toujours été assez embarassé de définir avec quelque précision et de présenter avec quelque clarté.

L'examen des règles immuables de la morale universelle est d'un intérêt qui n'entre pas dans mon sujet, et dont j'ai traité ailleurs (1).

Je dirai seulement ici, que tous les devoirs imposés à l'homme, dérivent du principe de la morale universelle, celui de la justice, mais qu'ils se divisent, par les lois civiles, en autant de manières qu'il y a de diverses situations et de relations entre eux.

Le respect pour l'ordre, inspiré par la morale universelle, détermine à l'accomplissement des devoirs ; et toutes les vertus humaines sont la conséquence de l'amour de l'ordre qui est la morale elle-même.

L'amour de l'ordre est la règle fondamentale du droit ; et, attaché à tous les objets, il se manifeste de toute part.

Le souverain et les sujets y lisent également leurs obligations, marquées par des caractères intelligibles à tous les hommes, et tous peuvent trouver également le bonheur dans l'accomplissement des devoirs que l'amour de l'ordre leur prescrit.

----

(1) Chapitre 28 de la première partie de l'introduction du *Code de la Sûreté publique et particulière.*

Le bon citoyen est en effet l'homme dans l'ordre, celui qui remplit toutes ses obligations dans la situation sociale où il est placé. Il est le laboureur industrieux, l'artisan laborieux et probe, le commerçant actif et fidèle; l'homme de lettres cultivant la raison, étudiant la science et s'appliquant à en répandre la lumière et à rendre les hommes plus heureux, par un plus grand usage de leurs facultés. Il est le militaire intelligent et courageux, qui à la gloire des combats sait allier le sentiment d'humanité; le magistrat instruit et équitable; le ministre éclairé et animé par l'amour du bien public; le souverain juste, bienfaisant et appelant la sagesse et la vérité pour l'aider à rendre le peuple heureux.

Tous ces devoirs sont renfermés dans les maximes simples, mais sublimes de la morale universelle : vivre honnêtement pour soi-même, ne faire tort à personne, en un mot, être juste.

Telle est la règle générale des actions humaines. Elle n'est point une science, elle ne s'apprend pas; elle est une inspiration de la nature, sur laquelle la sagesse des lois doit être fondée.

C'est aussi, cette morale universelle, ce sont ces lois naturelles, protégées et affermies par les lois civiles, que les écrivains doivent sans cesse respecter.

Mais, les écarts et les erreurs, dans lesquelles quelques-uns pourraient se laisser entraîner, sont trop indéfinissables pour être justement placées dans l'ordre des abus punissables de la liberté d'exprimer sa pensée et des lois répressives de ces abus, à moins

qu'ils ne rentrent dans quelques-uns des faits posi-
tifs et prévus, qui peuvent clairement et avec précision être qualifiés de délits contre les mœurs publiques. D'ailleurs ils rentrent, dans l'une ou l'autre
des divisions principales que j'ai indiquées précédemment des abus qui pourraient être faits de la
liberté de la presse.

Les mœurs d'un peuple sont, en général, des
institutions particulières, des usages, des habitudes
indépendantes de la morale en elle-même, que les
lois n'ont pas établies, qu'elles ne peuvent, ni ne
veulent pas changer, et auxquelles elles sont même
en quelque sorte obligées de se conformer, ou de ne
s'opposer qu'avec ménagement, pour les modifier
si elles ne s'accordent pas avec les principes de la morale, de l'ordre et de l'utilité commune, et les leur
approprier autant qu'il est possible.

Les écrits sur ces institutions, ces usages et ces
habitudes, ne peuvent encore entrer dans le domaine des lois répressives de la liberté de la presse. .

Mais il faut considérer les mœurs sous le rapport
de l'honnêteté publique et des dangers de leur corruption pour la société (1).

Ainsi, un écrit qui présenterait ou contiendrait
des images ou des paroles obscènes et contraires aux
mœurs et à l'honnêteté publique, capables d'exciter
à la débauche, au libertinage, à la prostitution et à
l'oubli des bonnes mœurs et de l'honnêteté publi-

---

(1) Voyez le chap. 6 du titre 1er. du *Code de police admi-
nistrative*, du *Code de la Sûreté.*

que, doit être considéré comme y étant une atteinte, un outrage public et un premier degré du délit d'abus de la liberté de la presse, sous ce rapport.

Si l'écrit présentait quelque provocation directe à la débauche, au libertinage, à la prostitution et à la corruption de l'un ou de l'autre sexe, il y aurait un plus grand abus de la liberté de la presse et un délit plus grave, qui devrait être menacé et réprimé par une peine plus forte.

Et en rappelant les caractères qui doivent motiver l'établissement des peines, selon la nature des écrits et leur publicité, et diriger leur application, d'après les faits, les circonstances et les qualités des personnes, il faut ajouter que celles d'instituteur, d'institutrice, de ministre d'un culte, devraient y faire attacher une bien plus grande gravité.

Du moment que l'homme est éclairé par un rayon d'intelligence, et qu'il peut se considérer lui-même, l'idée du créateur vient le saisir; il s'humilie devant sa toute-puissance et il lui offre l'hommage de sa reconnaissance.

Ainsi, l'idée d'un Dieu est une pensée naturelle à l'homme; ses dispositions morales sont une émanation de sa suprême intelligence, et les lois de la religion sont les plus puissantes sur lui, les plus utiles dans la direction de ses actions, et une source inépuisable de biens.

Aussi, la religion serait le guide le plus assuré de l'homme dans le voyage de la vie, si l'idée de Dieu

occupait souvent sa pensée , et si les récompenses
qu'il promet aux bonnes actions , les peines dont il
menace les mauvaises lui faisaient comprendre que
la pratique des vertus est le plus saint des devoirs
que sa toute puissance lui commande dans tous les
états de la société.

Protéger et favoriser la religion qui proclame
d'aussi sublimes principes, qui procure et produit
des avantages aussi réels, aussi utiles et aussi inap-
préciables pour le bien de la société, est un devoir
pour le souverain , dont l'accomplissement peut
seul donner à la loi le complément de force qui lui
est nécessaire, en même temps que le devoir le
plus salutaire pour tous les hommes est de la respecter.

Si la sublimité des principes de la vraie religion,
tend sans cesse à faire aimer les hommes entr'eux,
à les unir, à leur faire oublier le moi pour l'intérêt
de la famille, de la société, de la patrie et du genre
humain;

La tolérance pour la différence des opinions et
des religions est aussi une des vertus principales,
qu'au nom d'un Dieu de paix, elle commande aux
hommes , pour le bonheur public et particulier, de
même qu'elle condamne l'intolérance civile et le
fanatisme , comme aussi funestes aux souverains et
aux peuples que l'irréligion et l'impiété.

Aussi, en général, les peuples sont-ils arrivés à
ce degré de raison et de tolérance civile, où chacun
peut professer sa religion, avec une égale liberté;
être assuré d'obtenir pour son culte la même pro-

tection; et il appartenait à la sagesse d'un souverain, inspiré et dirigé par la religion elle-même et par la vraie piété, de consacrer, dans la charte constitutionnelle qu'il a donnée à la France, cette liberté qui appelle tous les hommes à s'aimer, à concourir au bien de la patrie, quels que soient leurs pensées, leurs opinions, le culte par lequel ils offrent leur hommage au Dieu de tous, et qui, commandant à ses sujets une tolérance qu'il professe lui-même, proscrit le fanatisme autant que l'impiété.

Ainsi, il ne peut plus être permis d'attaquer aucune des religions publiquement exercées dans l'état, et sous la protection de la loi; désormais doivent cesser ces écrits dogmatiques et de discussion entre l'une ou l'autre religion; et celle qui méritera, qui obtiendra plus de respect, sera celle dont la pratique produira plus de vertus vraiment religieuses, c'est-à-dire les plus utiles à la société, qui sera la plus tolérante envers les autres, et dont les ministres, en donnant les premiers l'exemple de cette tolérance, sincèrement attachés aux dogmes de celle qu'ils professent, ne condamneront pas les autres, n'exciteront pas de mépris ou de haine contre elles, et qui loin du désir d'aucune domination, en se rappelant les préceptes que Dieu lui-même leur adresse, se souviendront sans cesse que leur royaume n'est pas de ce monde.

Ainsi, en général, tout écrit contre une religion, publiquement exercée dans l'état, serait un abus de la presse que la loi doit empêcher et réprimer, comme contraire à la liberté et à la protection dont elle jouit.

Pour établir la nature et le caractère des abus qui pourraient être faits de la liberté de la presse, relativement à la religion ; pour déterminer les effets dangereux qu'ils pourraient avoir, et les degrés des peines qu'il serait juste d'y appliquer, il est nécessaire de les définir autant que possible.

Tout écrit affiché, colporté ou imprimé, contre toute religion pratiquée dans l'état, avec l'approbation de l'autorité publique, et contre ses dogmes, capable de diminuer le respect qui est dû à la majesté de Dieu, et d'éloigner du culte que chacun doit avoir la liberté d'exercer, doit être considéré comme un premier délit d'abus de la liberté de la presse contre la religion.

Si, dans un écrit du caractère de ceux qui viennent d'être spécifiés, quelque corporation ou société religieuse, admise et approuvée dans l'état, ou quelque ministre d'un culte, à raison de ses fonctions, étaient attaqués, insultés ou diffamés, il y aurait un abus plus grave de la liberté de la presse contre la religion, et un second degré de ce délit.

Si, l'écrit présentait quelqu'offense envers la divinité, quelque doute sur ses perfections, sur sa toute-puissance et même sur son existence, il y aurait un délit plus grave, même un crime contre la religion.

Si, l'écrit contenait quelque provocation directe à l'aigreur, à la dissension et à la haine d'une religion envers l'autre, ou entre les personnes qui pratiquent des religions différentes dans l'état, l'abus de la liberté de la presse serait plus coupable, et il y aurait un délit ou un crime contre la religion, qui doit être menacé et réprimé par des peines plus fortes.

Si, par suite de cette provocation, il s'était manifesté *actuellement*, ou dans un temps prochain, et *de dix jours, publiquement*, quelque aigreur, haine, acte de trouble, violence, ou soulèvement d'une religion envers une autre, ou entre les personnes qui pratiquent des religions différentes, de telle sorte que la provocation doive en être considérée comme la cause immédiate, l'écrit doit être considéré comme l'abus le plus grave de la liberté de la presse, comme un crime.

Chacun de ces délits ou de ces crimes contre la religion, par l'abus de la liberté de la presse, présente, non-seulement plus ou moins de gravité, d'après les distinctions qui viennent d'être indiquées, mais encore selon que les écrits seraient plus ou moins publics, ou destinés à l'être, ainsi qu'il a été remarqué, comme règle générale des lois répressives de la liberté de la presse.

La qualité des personnes y devient aussi d'une haute importance, et ils seraient beaucoup plus graves, punissables de peines plus sévères, s'ils étaient commis par quelque fonctionnaire public, et surtout par le ministre de quelque culte ou de quelque religion.

Les abus de la liberté de la presse contre la religion, dans les cas qui viennent d'être indiqués, doivent également être considérés comme plus graves, s'ils étaient commis envers quelques-uns des cultes chrétiens, particulièrement placés sous la protection de l'état et du souverain par l'article 7 de la charte constitutionnelle.

Et plus encore envers la religion catholique, apostolique et romaine, déclarée par l'article 6 être la religion de l'état.

Si, dans un écrit, quelqu'un s'érigeait en chef de secte, et proposait des dogmes nouveaux, différens de ceux des religions approuvées dans l'état, ou opposés à eux, il y aurait aussi un délit d'abus de de la liberté de la presse, qu'il faut diviser.

Si, les dogmes proposés ne blessaient pas le respect envers la Divinité, l'obéissance aux lois, la fidélité au souverain et à l'état, et n'étaient pas capables de séduire les hommes et de les entraîner dans l'erreur, on ne devrait le considérer que comme un délit d'abus de la liberté de la presse.

Mais si, celui qui voudrait s'ériger en chef de secte proposait des dogmes nouveaux, qui seraient opposés à ceux des religions approuvées dans l'état, qui blesseraient le respect envers la Divinité, l'obéissance aux lois, la fidélité à l'état, ou seraient capables d'entraîner les hommes au mal, il pourrait être considéré comme coupable d'un crime contre la religion.

Ce crime serait plus grave, si celui qui, dans un écrit, se serait érigé en chef de secte et en propagateur de dogmes nouveaux, était parvenu à se faire des partisans qui les propageraient.

C'est au surplus dans le choix des peines à établir contre ces délits et ces crimes, et dans leur caractère, que le législateur doit apporter plus de soins, et l'on peut dire plus d'art, afin de les proportionner aux moyens nécessaires pour les empêcher et pour les réprimer efficacement, selon leurs dangers et leurs effets possibles, et surtout pour les rendre efficaces, bien plus pour prévenir que pour punir, en les établissant avec la tolérance que la religion elle-même commande ; mais ce n'est pas moins par la juste application de ces peines que la faculté de leur gradation dans les limites déterminées par la loi, confiée à la sagesse des magistrats, est nécessaire et juste.

C'est alors, qu'il y a quantité de circonstances à considérer ; celles de l'erreur, de l'imprudence, du désordre des idées, de l'ignorance, et surtout de la volonté et de l'intention, pour mettre le juge à même d'imiter la clémence et la miséricorde du Dieu de bonté pour les égaremens des hommes.

Les sentimens d'honneur se sont formés avec les mœurs des peuples ; leur force s'est accrue à mesure que les sociétés se sont agrandies, que la civilisation s'est perfectionnée, que les hommes ayant plus de communications d'intérêts entr'eux et de relations morales, l'opinion qu'ils avaient les uns des autres est devenue un besoin et un avantage réel.

Les lois, dit Bentham, *ont été établies avant que les sentimens d'honneur fussent développés, et l'honneur a été le résultat de l'opinion, dont les*

arrêts se prononcent avec une force toute particu-
lière.

Cet honneur est celui de l'estime et d'une bonne réputation ; il est celui qu'un homme de bien cherche à réunir au sentiment de sa conscience, et que le méchant s'efforce d'usurper. Il est la récompense des bonnes actions, auxquelles il encourage en fortifiant les motifs qui y portent.

Il peut appartenir à tous les hommes, dans tous les états, dans toutes les fonctions de la société ; il est une propriété morale, dont chacun doit désirer acquérir et conserver une portion, et qui, se distribuant à la vertu et à la bonté des actions, se répartit entre ceux dont la conduite s'accorde constamment avec les devoirs de leur position sociale.

Mais, cette espèce de propriété, qui, abstraction faite du sentiment de la conscience, n'a de réalité que dans l'opinion, est incertaine comme elle. Souvent, après l'avoir donnée, elle la reprend ou la détruit, et ne l'accordant pas toujours aux actions qui la méritent, elle l'enlève ou la flétrit sans motifs, et elle devient toujours plus difficile à ressaisir que toute autre.

Aussi, plus l'honneur est flatteur pour la sensibilité morale, plus les atteintes qui peuvent y être portées sont pénibles et difficiles à réparer.

Pour ne pas confondre les atteintes qui pourraient être portées à l'honneur et à la réputation des personnes, comme devant être l'objet des lois répressives des abus de la liberté de la presse, et être placées dans le domaine de la loi pénale, avec ce qui pourrait bien blesser la sensibilité, l'amour-propre, les opinions, les prétentions, sans cependant attaquer réellement l'honneur et la réputation, dans ce qu'ils doivent être considérés comme une propriété inattaquable, que la loi doit protéger et défendre; il est bon de tâcher de les définir, afin de laisser le moins de vague possible dans les dispositions répressives et pénales de la loi.

Ce qui, à proprement parler, est le véritable honneur, que la loi doit protéger et défendre, est celui de l'estime méritée et obtenue par de bonnes actions, par des actions utiles, celui de la réputation d'un homme de bien, exact observateur de ses devoirs publics et privés, par la probité, la bonne foi et l'amour des hommes.

C'est l'honneur qui n'a guères de récompense que dans l'opinion, mais dont le plus souvent elle ne s'occupe que pour le flétrir, et pour troubler la paix de l'âme qu'il procure.

Il est plus calme et moins irritable que tout autre, parce qu'il a une réalité qui a toujours un asile dans la conscience.

Cependant, souvent il se soulève contre les atteintes publiques qui peuvent y être portées; l'âme se remplit d'amertume; et, dans l'impuissance des lois, ou dans leur insuffisance, pour restituer cette propriété fugitive, l'homme semble ressaisir ses droits naturels, pour se venger, au nom de l'honneur même, de celui qui lui a été enlevé.

Aussi, celui-là est entièrement dans le domaine de la loi, pour le protéger, le défendre, le faire respecter, et pour prévenir et réprimer les atteintes qui pourraient y être portées, comme c'est à elle seule à juger du mérite ou du démérite des actions publiques ou privées des hommes, sous les rapports sociaux ou relatifs entr'eux. Chacun peut bien, sans doute, distribuer à son gré une portion d'estime ou la refuser ; mais il ne peut être permis à personne d'attaquer l'honneur et la réputation de son semblable, et quand les lois sociales protègent et garantissent la propriété physique, elle doit aussi fortement protéger et garantir la propriété morale.

Ainsi, accuser quelqu'un dans un écrit d'un acte contraire à la probité, à la bonne foi, aux mœurs, à l'ordre public ;

Lui imputer, par quelque fait particulier, un vice déterminé, une conduite opposée aux règles de la morale et de la justice ;

Répandre, malignement, contre lui et sur sa vie, le blâme, le poison de la calomnie, même celui de la médisance ;

Seraient des abus de la liberté de la presse, contre l'honneur et la réputation des personnes, et des délits plus ou moins graves, selon leur nature et leur caractère.

L'honneur politique semble s'élever bien au-dessus de l'honneur moral, dont je viens de parler.

Cependant, sous le rapport des atteintes qui pourraient y être portées, il s'en rapproche et s'y lie de plusieurs manières.

L'honneur purement politique est attaché aux

distinctions, aux rangs, aux préférences, aux places.

Moins vrai, peut-être, en lui-même, que l'honneur moral, il a cependant quelque chose de plus entraînant.

Placé, ainsi que ses récompenses, dans les mains du souverain, du trône duquel partent tout son éclat et toute sa grandeur ; distribué avec sagesse aux talens et aux vertus, qui peuvent servir la patrie, ou comme récompenses des services rendus; et ainsi réuni à l'honneur moral, il lui donne plus d'élévation. Il est celui des grandes actions, des actions vertueuses et utiles à la société.

Cet honnenr, il est vrai, est le mobile de l'ambition, l'aliment de la vanité, le créateur des courtisans ; il est le plus flatteur pour l'amour-propre, pour la vanité ; mais aussi, il peut inspirer les plus belles actions, et sans y être directement porté par le sentiment de la vertu, elles peuvent être vertueuses. Il présente un intérêt tellement séducteur, qu'il s'élève au-dessus de tout autre, les fait sacrifier tous ; et que quand même il n'aperçoit d'autre récompense, que celle de l'éclat qui accompagne les actions extraordinaires et de la renommée qui les suit, les hommes n'en seraient pas moins entraînés par lui, au-delà de toutes les difficultés qu'il faut surmonter pour l'acquérir.

Ainsi, l'honneur politique, distribué avec sagesse et avec discernement, pour élever et pour récompenser l'honneur moral, se réunit à lui, pour augmenter le prix de l'opinion, et attacher un plus grand intérêt à le conserver.

Si , l'honneur politique semble s'élever au-dessus de l'honneur moral, ce n'est que pour lui commander plus fortement l'obligation de s'en rapprocher , de respecter davantage les règles fondamentales des sociétés , et leur droit particulier, de pratiquer toutes les vertus publiques et privées.

Aussi, devenant en quelque sorte un honneur public , plus soumis à l'empire des lois, par les devoirs plus étendus qu'il impose , il doit aussi en recevoir plus d'appui ; et les atteintes qui pourraient y être portées , dans les cas que je viens d'indiquer, devraient être menacées et réprimées par des peines plus sévères , surtout relativement au fonctions publiques , auxquelles cet honneur serait attaché, et qui en seraient la conséquence.

Il est une autre espèce d'honneur, qu'il ne faut pas confondre avec ceux dont je viens de parler, quoique cependant il s'y lie et y concoure sous plusieurs rapports , quoiqu'il exerce une grande puissance sur les hommes, et qu'il soit le mobile et la règle de la plus grande partie de leurs actions.

Il tient aux mœurs particulières des peuples , à leurs usages , même à leurs manières ; il se forme d'après les conditions, les habitudes , les préjugés , les climats , les fortunes et les gouvernemens. Montesquieu le nomme *bizarre*, et l'on peut le définir *l'honneur de convention*.

« Il veut, dit-il , dans les vertus une certaine no-
» blesse , dans les mœurs une certaine franchise ,
» dans les manières une certaine politesse.

» Les vertus, dans le monde , sont toujours

» moins ce que l'on doit aux autres, que ce que
» l'on se doit à soi-même : elles ne sont pas tant ce
» qui nous appelle vers nos concitoyens, que ce qui
» nous en distingue.

» On ne juge pas les actions des hommes comme
» bonnes, mais comme belles; comme justes, mais
» comme grandes ; comme raisonnables, mais
» comme extraordinaires.

» Dès que l'honneur peut y trouver quelque
» chose de noble, il est, ou le juge qui les rend
» légitimes, ou le sophiste qui les justifie.

» Il permet la galanterie, lorsqu'elle est unie à
» l'idée des sentimens du cœur, ou à l'idée de con-
» quête.

» Il permet la ruse, lorsqu'elle est jointe à l'idée
» de la grandeur de l'esprit, ou de la grandeur des
» affaires.

» Il ne défend l'adulation que lorsqu'elle est sé-
» parée de l'idée d'une grande fortune, et qu'elle
» n'est jointe qu'au sentiment de sa propre bassesse.

» Il veut de la vérité dans les discours, mais c'est
» moins par amour pour elle, que pour paraître
» hardi et indépendant. Il sait que l'on veut en
» avoir l'apparence pour soi-même, mais qu'on la
» méprise ou la condamne dans les autres.

» Il augmente le désir naturel de plaire, et il
» établit les bienséances, sans l'observation des-
» quelles on choquerait tous ceux avec qui on vi-
» vrait, et on se discréditerait au point de perdre
» tous les avantages que l'on pourrait avoir d'ail-
» leurs ».

Il serait difficile de tracer avec plus de vérité les traits qui distinguent l'honneur de convention, ce maître universel et absolu qui doit partout nous conduire, vers lequel l'éducation du monde est contrainte de se porter pour former ce qu'on appelle l'homme honnête, ou plutôt l'homme d'honneur.

On voit que tantôt il peut être extrêmement utile pour fortifier l'honneur moral et l'honneur politique ;

Que tantôt il peut être dangereux à tous deux, parce que, dirigé sur ce qui peut être étranger à l'un et à l'autre, et ne pas s'y rapporter réellement, le despotisme de l'intérêt personnel qui ordinairement le dirige, peut l'entraîner vers tout ce qui est propre à le satisfaire, sans songer au bien ou au mal qui peut en résulter hors de soi-même.

Ainsi, cet honneur, qui ne présente pas une réalité positive et absolue, mais seulement relative à l'honneur moral et politique, s'y allie très-utilement, si, en cherchant à donner de la noblesse et de l'éclat à ses actions, on s'attache à ce qu'elles soient bonnes et vertueuses.

En général il est impétueux, et a quelque chose de farouche ; n'ayant point de lois que celles qu'il se donne, il semble s'en être fait une de se conserver et de se venger lui-même.

Moins il a de réalité, plus il est susceptible ; il s'irrite à l'apparence de la moindre atteinte, et il oublie, dans son exagération tumultueuse, tous les sentimens purs et doux qui font l'honneur moral ;

il rompt tous les liens qui unissent les hommes entr'eux ; il brise même ceux de l'amitié ; son orgueil
la remplaçant par la haine, il invoque la vengeance ; son triomphe est un de ses plaisirs, et
l'honneur politique, encore grand jusque dans ses
écarts et dans ses excès, et sur lequel il n'existe aucune autre puissance que celle du souverain, est
souvent emporté par la même impétuosité.

Aussi, serait-il difficile et peut-être dangereux
de vouloir le soumettre à la puissance des lois ; il
serait même imprudent de prétendre contrarier directement les sentimens et l'opinion d'un homme
d'honneur, quelque faux qu'ils puissent paraître ;
du moins avant d'opposer des obstacles à son exagération et à ses erreurs, il faut chercher à en diminuer les dangers ; il faut flatter jusqu'à sa suscepti-
bilité, pour le bien qui peut en résulter, et pour diriger sa vanité vers les vertus qui appartiennent à
l'honneur moral et les grandes et belles actions que
peut produire l'honneur politique.

Ainsi, l'honneur de convention ne tenant rien des
règles fondamentales des sociétés, ni de leurs lois
positives, n'ayant rien de fixe et de déterminé, sa
puissance est despotisque, son indépendance absolue. Il s'est créé des règles particulières, auxquelles
il est difficile de ne pas se soumettre. Il faut même
obéir à ses bizarreries et à ses caprices, et le souverain lui-même est souvent obligé d'y céder.

S'il est, de cette manière, placé hors de la loi par
son entière liberté d'agir, d'après les règles qu'il se
crée lui-même, tout ce qui le concerne dans l'opi-

nion que l'on peut avoir de ces règles, dans la liberté
d'en exprimer sa pensée, ne peut davantage entrer
dans le domaine de la loi, ne peut être placé dans
l'ordre des atteintes qui pourraient être portées à
l'honneur et à la réputation des personnes, par l'abus
de la liberté de la presse, parce que cela devient
indifférent et étranger au véritable honneur, et aux
motifs qui doivent en assurer et en garantir la propriété.

L'opinion, la discussion sur les mœurs particulières d'un peuple, sur ses usages, sur leurs effets
et sur leurs conséquences, sur ce qui peut les faire
approuver, critiquer, corriger ou réformer, sur
les prétentions, la vanité, les bizarreries ou les
ridicules auxquels on pourrait adresser de justes cen-
sures ou des critiques raisonnables, appartiennent
exclusivement à la liberté de la presse; et la loi ré-
pressive de ses abus, sous le rapport de l'honneur et
de la réputation, doit s'arrêter à ce qui a été dit
précédemment de l'honneur moral et de l'honneur
politique (1). Car, comme le dit Montesquieu, « Si
» on défend les écrits satiriques dans une monar-
» chie, on ne doit en faire qu'un objet de police;
» s'ils peuvent amuser la malignité générale, ils con-
» solent les mécontens, diminuent l'envie contre
» les places, donnent au peuple la patience de
» souffrir, et le font rire de ses souffrances ».

Ainsi, tout écrit dans lequel quelqu'un serait atta-

---

(1) Voyez le chapitre 39 de la première partie du *Code de la
Sûreté plublique et particulière.*

qué et calomnié dans sa conduite publique ou privée, de manière à flétrir son honneur et sa réputation, doit être considéré comme présentant un des délits les plus graves de la liberté de la presse; et c'est un des grands caractères auxquels on doit reconnaître la sagesse de la loi sur la répression de ceux par lesquels on flétrirait, sans cause et par le mensonge, la vie morale d'un citoyen, en détruisant sa réputation et les droits qu'il a à l'estime de ses concitoyens.

La calomnie qui, au premier abord, paraît un délit particulier d'un individu envers un autre, renferme cependant en même temps un délit public, qui nuit à l'ordre de la société, comme le vol d'une propriété importante, souvent le seul pour en obtenir toute autre, par la réputation de la probité et de la bonne conduite.

Les lois anglaises placent la calomnie dans l'ordre des crimes contre la tranquillité publique, et malgré leurs efforts pour assurer la liberté de l'expression de la pensée, elles n'ont point oublié d'établir des dispositions sévères contre la calomnie.

Le libelle, dit Blackstone, est une diffamation de quelque personne par l'écriture, par la presse, ou par quelqu'autre signe, pour l'exposer à la haine publique; il ajoute même au mépris et au ridicule.

On sent assez, continue-t-il, que l'effet direct d'un libelle est de troubler la tranquillité publique, en forçant, pour ainsi dire, la victime à la vengeance, et peut-être à l'effusion du sang.

Il soutient que peu importe, pour l'essence du

libelle , que le contenu en soit vrai ou faux ; c'est la provocation selon lui , et non précisément la fausseté de l'inculpation que la loi punit.

Il est vrai cependant , ajoute-t-il , que la calomnie aggrave le délit , et doit aggraver la peine.

En Angleterre , dans la poursuite du libelle , il n'y a que deux faits à examiner : premièrement , la publicité du libelle , par l'écriture ou l'impression ; secondement , si la matière est criminelle : si ces deux points blessent la personne que le libelle attaque , ils blessent également la paix publique.

La punition des libellistes , soit pour avoir composé , ou pour avoir imaginé ou publié le libelle , de quelque manière que ce soit , consiste dans une amende , ou un châtiment corporel , à la discrétion de la cour , selon la gravité de l'offense , et la qualité de l'offensé.

Dans la loi des douze tables , à Rome , le libelle fut un délit capital : mais, avant le règne d'*Auguste*, la loi se contenta d'un châtiment corporel.

Sous l'empereur *Valentinien* , il redevint un délit capital , non-seulement pour l'avoir composé , publié , mais même pour avoir négligé de le supprimer , si on le pouvait.

La loi anglaise, dans ces cas, observe Blackstone , comme dans beaucoup d'autres , ressemble plus au moyen âge de la jurisprudence romaine , temps où la liberté , les lumières et l'humanité étaient en pleine vigueur , qu'aux lois cruelles des siècles ignorans et tyranniques des décemvirs ou des derniers empereurs.

Ce ne seront pas celles-ci que les législateurs de la France imiteront ; mais celles des beaux temps de Rome ; ces jours heureux, ces lois sages sont faites pour les Français.

Long-temps ils n'eurent plus de lois pénales contre la calomnie.

Désirées par tous les bons esprits, par les amis de l'ordre, elles furent long-temps proposées sans succès ; et en même temps qu'on enchaînait l'expression de la pensée sur les affaires et les intérêts publics, on semblait vouloir adoucir cette tyrannie, en lui abandonnant l'honneur et la réputation des personnes.

Cependant, enfin, le code pénal de 1810 contient des dispositions qui les protègent et qui établissent des peines contre les atteintes qui y seraient portées.

Le dénombrement et la classification de la nature et du caractère des abus qui pourraient être faits de la liberté de la presse, sous le rapport de l'honneur et de la réputation des personnes, depuis l'injure, jusqu'à la calomnie ; des degrés de leur gravité, et des peines qui devraient y être appliquées, exigent une attention et des détails dignes des méditations des législateurs, mais qu'il serait trop long de présenter ici (1), et sur lesquels je ne ferai que deux observations générales.

----

(1) J'en avais, je crois, démontré la nécessité dans le chapitre 32 du *Parallèle des lois de l'Angleterre et de la France*, en 1800.

La première, c'est que ce n'est pas seulement par des écrits, qu'il peut y avoir atteinte punissable à l'honneur et à la réputation ; mais par des injures symboliques, telles que des peintures gravées ou autres images sensibles, par lesquelles on indique ou on désigne publiquement, à l'égard de quelqu'un, soit dans sa personne, soit dans sa conduite, quelque chose de capable de lui faire perdre l'estime, et de lui attirer le mépris et la haine de ses concitoyens, et qui ne sont pas sans avoir beaucoup de rapports avec les abus de la liberté de la presse.

La seconde, c'est que l'expression de l'opinion sur des faits, sur des ouvrages imprimés, sur les productions des sciences, des arts et de l'industrie, sur les connaissances et les talens de quelqu'un, ne peut être considérée comme un abus de la presse ; pourvu qu'elle ne sorte pas de la discussion, du raisonnement, et de ce qui est nécessaire pour motiver l'opinion, et rendre la critique intéressante, sans y mêler le poison de la malignité.

Mais, les expressions injurieuses qui pourraient y être employées, ou les imputations flétrissantes qui pourraient y être faites à quelqu'un, doivent être considérées comme des injures ou des calomnies, selon qu'elles présenteraient le caractère prévu par la loi (1).

___

(1) On peut les trouver indiquées dans le titre 2 des liv. 3 et 4 *Code de Sûreté*, pag. 5 et suiv., dans lesquels je crois avoir présenté tout ce qui peut se rapporter à cette partie de la législation.

Après avoir défini et classé ce qui dans un écrit peut être considéré comme un abus de la liberté de la presse, et déterminé les degrés de leur gravité, sous le rapport pénal, il n'est pas moins important d'y attacher des peines, progressivement proportionnées aux dangers de l'abus et à ses effets possibles, et d'en rechercher la nature et le caractère dans la nature même des choses, pour les rendre plus justes, plus efficaces et plus capables, par leurs menaces, de diminuer le besoin de leur application.

C'est dans l'établissement des peines que consistent essentiellement la sagesse de la législation, et l'art du législateur.

Les peines doivent se diviser selon la nature et le caractère des obligations, que chaque citoyen a à remplir dans la société, des propriétés que la forme du gouvernement et la loi civile lui assurent, et être prises, autant que possible, et par une espèce de talion, dans les mêmes obligations, dans les mêmes propriétés, pour se rapporter davantage et s'appliquer avec plus de justice aux actions contraires à ces obligations, et attentatoires à ces propriétés.

Ainsi, dans une monarchie, et dans les gouvernemens qui se rapprochent de ses principes, il doit y avoir des peines morales et d'opinion, des peines matérielles ou pécuniaires, des peines physiques ou corporelles, même la privation de la vie.

Chacune de ces peines peut se diviser, sous quantité de rapports particuliers, tant par leur nature, que par leur caractère et leur intensité.

Le législateur doit les établir avec une économie mesurée ; rechercher particulièrement , par leur choix , leur caractère et leurs degrés , les moyens de les proportionner au mal à éviter , au bien à produire ; de sorte que l'un et l'autre le soient en effet autant que possible , en ne produisant , par la peine , que la privation strictement nécessaire ; et pour cela , il la détermine d'après la qualité et la gravité des violations de la loi civile , d'après le degré de malignité qui peut accompagner ces violations , et en appliquant , autant que possible , la peine de la violation à la nature et au caractère de la violation elle-même.

Il les concilie , par la clémence , avec les égaremens et la faiblesse malheureusement trop naturels à l'homme , et dont l'état de société vient encore multiplier les causes , mais toujours de manière à ce qu'elles ne soient pas inférieures au mal résultant ou pouvant résulter de l'action défendue par la loi.

Les peines morales et d'opinion que Montesquieu considère avec raison comme ayant une grande puissance dans une monarchie, où l'honneur est un des grands mobiles des actions des hommes, paraissent les plus propres et les plus convenables à établir et à appliquer aux délits d'abus de la liberté de la presse ; et sans les définir et les dénombrer maintenant , leur désignation de peines morales et d'opinion en indique assez la nature et le caractère, pour que l'on sente très-bien combien elles ont d'analogie avec les délits d'abus de la presse , combien elles peuvent avoir d'influence pour les empêcher et d'efficacité pour les réprimer.

Elles pourraient être par degrés, et selon ceux de la gravité de ces délits, combinées avec d'autres peines matérielles ou pécuniaires, même, et progressivement avec des peines physiques ou corporelles, mais toujours en leur conservant, pour première règle et pour principe, la qualité, le caractère des peines morales et d'opinion, pour ne pas les séparer de la nature des délits auxquels elles se rapportent dans leur objet le plus important, celui de la réparation d'un tort moral et d'opinion et des atteintes portées à l'honneur et à la réputation des personnes (1).

Les considérations que je viens de présenter sur la liberté de la presse, sur les moyens d'en prévenir et d'en réprimer les abus, pourraient donner lieu à de plus grands développemens, auxquels elles peuvent conduire, et mériter quelque attention de la part des législateurs et de ceux qui sont appelés à concourir au maintien de l'ordre social, de la sûreté publique et particulière.

Au reste, sachons nous défendre de redouter autant l'usage de la liberté de la presse, et plaisons-

---

(1) Voyez le chapitre 6 et suiv. de la seconde partie de l'introduction du *Code de Sûreté publique.*

On peut trouver des exemplaires de cet ouvrage chez la dame veuve Courcier, libraire, quai des Augustins, n°. 57, près le Pont-Neuf.

nous à penser que si des lois répressives des abus qui pourraient en être faits, sont nécessaires, elles ne seront que des lois de prévoyance, à l'application desquelles on ne sera pas contraint de recourir.

IMPRIMERIE DE FAIN, PLACE DE L'ODÉON.